FULL SCORE

WSJ-19-001
<吹奏楽J-POP楽譜>

# あなたとトゥラッタッタ♪

吉田美和、中村正人　作曲
郷間幹男　編曲

| 楽器編成表 | | |
|---|---|---|
| 木管楽器 | 金管・弦楽器 | 打楽器・その他 |
| Piccolo | B♭ Trumpet 1 | Drums |
| Flutes 1 (& *2) | B♭ Trumpet 2 | Timpani |
| *Oboe | *B♭ Trumpet 3 | Percussion 1 |
| *Bassoon | F Horns 1 (& *2) | 　…Crash Cymbals,Cabasa, |
| *E♭ Clarinet | F Horns 3 (& *4) | 　Wind Chime |
| B♭ Clarinet 1 | Trombone 1 | Percussion 2 |
| B♭ Clarinet 2 | Trombone 2 | 　…Wind Chime,Tambourine, |
| *B♭ Clarinet 3 | *Trombone 3 | 　Claves,Triangle,Xylophone, |
| *Alto Clarinet | Euphonium | 　Sus.Cymbal |
| Bass Clarinet | Tuba | Percussion 3 |
| Alto Saxophone 1 | Electric Bass | 　…Glockenspiel,Vibraphone |
| *Alto Saxophone 2 | (String Bass) ※パート譜のみ | |
| Tenor Saxophone | | |
| Baritone Saxophone | | Full Score |

＊イタリック表記の楽譜はオプション

# あなたとトゥラッタッタ♪

◆曲目解説◆

　2018年10月から放送されている、NHK連続テレビ小説「まんぷく」の主題歌です。楽曲を手掛けるのは、ドリカムことDREAMS COME TRUE。主題歌への起用にあたり「スペシャルな"愛"をマーチのリズムに乗せて届けます。」とコメントされているこの楽曲は、その言葉通り、元気のいい弾むようなリズムにのせて行進していく、前向きで力強い歌詞が歌われるナンバーに仕上がっています。マーチのリズムと楽曲が持つ、明るく楽しい雰囲気は吹奏楽で演奏するのにぴったりです！歌やダンス、スタンドプレーなどの演出も取り入れやすく、話題性も抜群の一曲なので、演奏すれば盛り上がること間違いなし！様々なシーンで大活躍するこの曲を演奏してみてください♪

◆郷間幹男　プロフィール◆

　中学よりトロンボーンを始め、大学在学中に「YAMAHA T・M・F」全国大会優勝・グランプリ受賞。
　1997年、ファンハウス（現ソニー・ミュージックレーベルズ）よりサックス・プレイヤーとしてメジャーデビュー。デビューシングル『GIVE YOU』は、フジTV系「平成教育委員会」エンディングテーマ、サークルK CMテーマ曲になり、オリコンチャートや、全国各地のFMチャート上位を独占。その他にも日本コカ・コーラ社のオリンピック・タイアップ曲や、フジTV系「発掘あるある大辞典II」などのBGMを演奏。
　芸能活動を続けながらも吹奏楽指導や作・編曲など、吹奏楽活動も積極的に続け、中でもブラス・アレンジにはかなりの定評がある。
　これまでの経験を活かし株式会社ウィンズスコアを設立、代表取締役社長に就任。現在、社長業の傍ら全国の吹奏楽トップバンドへの編曲や指導なども行っており、その実力からコンクール、アンサンブルコンテストの審査員も務める。
　主な作品に、『コンサートマーチ「虹色の未来へ」』（2018年度全日本吹奏楽コンクール課題曲）等がある。

あなたとトゥラッタッタ♪ - 9

## ご注文について

ウィンズスコアの商品は全国の楽器店、ならびに書店にてお求めになれますが、店頭でのご購入が困難な場合、当社PC&モバイルサイト・FAX・電話からのご注文で、直接ご購入が可能です。

◎**当社PCサイトでのご注文方法**

http://www.winds-score.com

上記のURLへアクセスし、WEBショップにてご注文ください。

◎**FAXでのご注文方法**

FAX．03-6809-0594

24時間、ご注文を承ります。当社サイトよりFAXご注文用紙をダウンロードし、印刷、ご記入の上ご送信ください。

◎**電話でのご注文方法**

TEL．0120-713-771

営業時間内にお電話いただければ、電話にてご注文を承ります。

◎**モバイルサイト**でのご注文方法

右のQRコードを読み取ってアクセスいただくか、URLを直接ご入力ください。

※この出版物の全部または一部を権利者に無断で複製(コピー)することは、著作権の侵害にあたり、著作権法により罰せられます。

※造本には十分注意しておりますが、万一落丁乱丁などの不良品がありましたらお取替え致します。また、ご意見ご感想もホームページより受け付けておりますので、お気軽にお問い合わせください。

# MEMO

Flute 1&2

# あなたとトゥラッタッタ♪

吉田美和/中村正人 作曲
郷間幹男 編曲

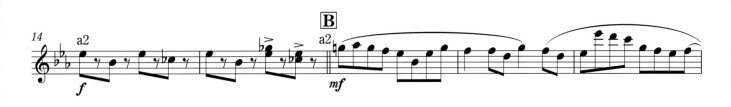

Bassoon

あなたとトゥラッタッタ♪

吉田美和/中村正人 作曲
郷間幹男 編曲

# Bass Clarinet

## あなたとトゥラッタッタ♪

吉田美和/中村正人 作曲
郷間幹男 編曲

Alto Saxophone 2

# あなたとトゥラッタッタ♪

吉田美和 / 中村正人　作曲
郷間幹男　編曲

Tenor Saxophone

# あなたとトゥラッタッタ♪

吉田美和/中村正人 作曲
郷間幹男 編曲

Trombone 1

# あなたとトゥラッタッタ♪

吉田美和/中村正人 作曲
郷間幹男 編曲

Trombone 2

# あなたとトゥラッタッタ♪

吉田美和/中村正人 作曲
郷間幹男 編曲

Trombone 3

# あなたとトゥラッタッタ♪

吉田美和 / 中村正人 作曲
郷間幹男 編曲

# String Bass

## あなたとトゥラッタッタ♪

吉田美和/中村正人 作曲
郷間幹男 編曲

# Timpani

## あなたとトゥラッタッタ♪

吉田美和 / 中村正人 作曲
郷間幹男 編曲

# Percussion 1
Crash Cymbals, Cabasa, Wind Chime

## あなたとトゥラッタッタ♪

吉田美和 / 中村正人 作曲
郷間幹男 編曲

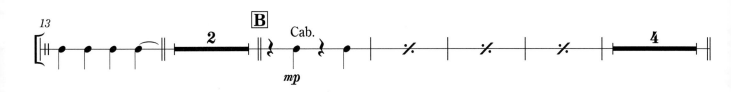
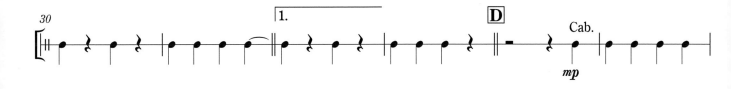

Percussion 2
Wind Chime, Tambourine,
Claves, Triangle, Xylophone,
Sus.Cymbal

# あなたとトゥラッタッタ♪

吉田美和 / 中村正人 作曲
郷間幹男 編曲

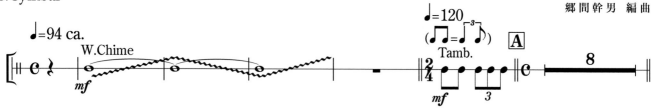
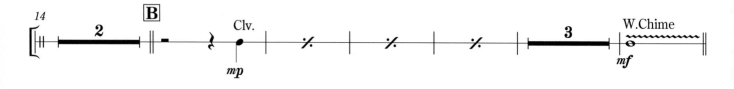
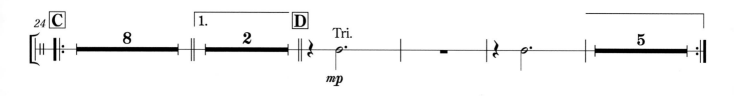
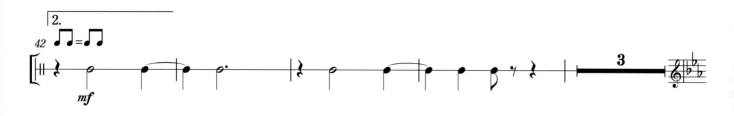

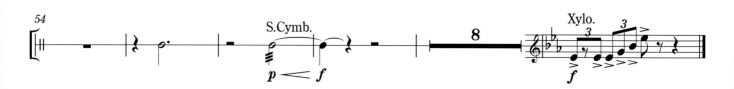

# MEMO